선엽스님의

명상의 숲

도서출판 도반

선엽스님
유선사 성수스님을 은사로 출가
서울보훈병원 법당 호스피스
고령 정보고등학교 교정교화 지도법사
30사단 호국쌍용사 지도법사 및 차명상 강의
조계종 미래세대 준비위원
동국대 평생교육원 산야초, 꽃차, 건강약차,
다도 강의, 차명상 강의

먼 훗날이 아닌
바로 지금 이대로
우린 누구나 부처이다.
수행은
부처가 되는 공부가 아니라
부처로 사는 공부이다.
부처로 산다는 것은
매 순간 깨어 있음과
나눔을 실천하는 의미이다.

나는
집을 짓는 자를 찾으며
그러나 발견하지 못하고
많은 생애의 윤회를 달려왔으니,
거듭 태어남은 고통이다.
〈법구경〉

오늘도 오온의 집 짓는 자 되어
언젠가는 반드시 집 짓는 곳에서
벗어나리라 생각하며 수행을 이어갑니다.
몇 해 전 다녀온 인도의 부처님 발자취에서
느꼈던 진리의 향취…
그곳에서 느꼈던 알 수 없는 그리움과 연민이
자비심의 가르침으로 배어 나옵니다.
걸어서 걸어서, 길 위에서 만나는
모든 인연이, 아픔의 대상임을 알며
자상하시며 세밀하게 깨닫게 해주셨던
그분의 가르침이 한없이 그립습니다.
오늘도 고해의 삶을 뛰어넘어
인생수업의 한 단계를 성실히
잘 완주하고 싶습니다.
어떤 것도 절대 좋은 것, 나쁜 것은 없습니다.
다만 그럴 만한 이유와 조건만 있을 뿐입니다.
법을 보는 자 나를 보고
나를 보는 자 법을 본다는 가르침에
예경 올립니다.

바른 마음챙김은
"몸에서 몸을 관찰하고,
느낌에서 느낌을 관찰하고,
마음에서 마음을 관찰하고,
법에서 법을 관찰하며
세상에 대한 욕심과
싫어하는 마음을 버리고
근면하게,
분명히 알아차리고,
마음챙기며 머무는 것"이다.
〈쌍윳따 니까야〉

아름다운 말은
사람의 마음을 감동시켜
듣는 이로 하여금
목욕을 한 듯 상쾌하게 한다네.
〈불소행찬〉

사람들은 늘 옳고 그른 시비를
가리려고 하지만
그 후엔 항상 아픔만 남습니다.
이 세상 모든 것은
서로가 서로를 의지하는
연기적 존재이므로
시비를 다투지 마세요.
이 세상은 인드라망의 구슬처럼
얽히고설켜서
서로가 서로를 비추고 있습니다.
조그만 시비라도
마음 가운데 일어나면
그 순간 안정된 마음이 깨져
본래의 마음을 잃게 됩니다.
얽힌 것을 풀려 할 게 아니라
얽힌 것을 놓으면 됩니다.
시비하지 않으면
얽힌 것은
그냥 풀어집니다.

마음으로부터 화를 내고
남을 비방하는 사람이 있다.
마음이 진실한 사람이라도
남을 비방하는 일이 있다.
비방하는 말을 들을지라도
성인은 그것에 흔들리지 않는다.
성인은 어떤 일에도
마음이 거칠어지지 않는다.
〈숫타니파타〉

스스로 깨끗한 이가 되고
서로 이해하고
맑고 깨끗한 사람들과
함께 살도록 하라.
그곳에서
사이좋게 지혜롭게
고통과 번뇌를 없애도록 하라.
〈숫타니파타〉

삶의 수많은 과정은
참고 견디어 내야만 합니다.
인생의 수많은 일들은 고통이며
그 고통들은 소금과 같습니다.
하지만 짠맛의 정도는 고통을 담는
그릇에 따라 달라집니다.
지금 내가 고통 속에 있다면
작은 종이 컵이 되지 말고
스스로 넓고 넓은 호수가 되어야 합니다.
그늘이 넓은 나무 밑엔
새들이 모이고,
가슴이 넓은 사람 밑에는
사람들이 모입니다.
내 마음의 그릇은 크기가 얼마나 될까요?
자신에게 묻고
스스로 돌아봐야 합니다.
마음이 넓은 바다와 같고
사람이 모이는 숲이 되려면
어떻게 해야 할까요?

복은
뜨거운 불도 태우지 못하고
바람에도 날아가지 않는다.

홍수가 세상을 휩쓸지라도
복은
떠내려가지 않나니,
폭군과 흉악한 도적떼가
어떤 사람의 재물을 강제로 빼앗을 때도
그 사람이 지은 복만은
빼앗아가지 못한다.

〈잡 아함경〉

생각이 말이 되고,

말이 행동이 되고,

행동이 습관이 되고,

습관이 성격이 되고,

성격이 운명이 되어,

당신의 삶을 결정짓습니다.

내 생각과 내 말이 내 삶을 결정합니다.

축원하는 마음, 사랑하는 마음으로

긍정적이고 적극적인 말,

상대를 세워 주는 말을 함으로써

삶의 주름이 점점 펴지는

아름다운 축복을 경험해 보시지 않으실래요?

분명히 패배할 상황에서 승리를 경험하세요.

분명히 모자란 상황에서 풍부함을 경험하세요.

자기가 말한 대로 이루어집니다.

당신의 믿음대로 될 것입니다.

당신의 공덕대로 될 것입니다.

당신이 지금 하는 말이

바로 당신의 운명입니다.

남 듣기 싫은 성난 말 하지 말라.
남도 네게 그렇게 답할 것이다.
악이 가면 화가 돌아오나니
욕설이 가고 오고
매질이 오고 가고.

종이나 경쇠를
고요히 치듯
착한 마음으로
부드럽게 말하면
그의 몸에는 시비가 없어
그는 이미 열반에 든 것이다.

(법구경)

한 제자가 여쭈었습니다.

"제 안에는 마치 두 마리의 개가 살고 있는 것 같습니다. 한 마리는 매사에 긍정적이고 사랑스러우며 온순하고, 다른 한 마리는 아주 사납고 성질이 나쁘며 매사에 부정적입니다. 이 두 마리가 항상 제 안에서 싸우고 있습니다. 어떤 녀석이 이기게 될까요?"

스승은 아주 짧은 한마디를 건넸습니다.

"네가 먹이를 주는 놈이다."

추한 말과 생각을 하면 할수록
화(禍)가 무럭무럭 자라나고,
아름다운 말과 생각을 하면 할수록
복(福)이 무럭무럭 자란다고 합니다.

노자는 이릅니다.

"화여! 복이 너에게 기대어 있도다.
복이여! 화가 너에게 숨어 있도다.
누가 그 끝을 알 것인가?
사람의 미혹됨이 너무 오래되었도다."

나의 미혹함은 얼마나 오래되었을까요.

자기 자신보다
더 사랑스러운 것이 없고
곡식보다
더 귀한 재물이 없으며
지혜보다
더 밝은 것이 없고
생각보다
더 빨리 변하는 것은 없느니라"
〈잡 아함경〉

이 세상 모든 것은
끊임없이 흐르고 변합니다.
사물을 보는 눈도
때에 따라 바뀝니다.
정지해 있는 것은
아무것도 없습니다.

제법무아(諸法無我),
그러니 모든 것이 텅 비어 없는데
네 것이다.
내 것이다.
주장할 것이 없으니 내세우지 마십시오.
행복할 때는
행복에 매달리지 말고,
불행할 때는
불행에 매달리지 마십시오.
불행과 행복은 동등한 법의 성품입니다.
이 또한 머물러 있지 않고 다 사라집니다.
흘러가는 모든 것은 그냥 내버려두세요.

지나간 일에 대해 근심하지 않고,
미래에 대해 집착하지 않는다.
현재에 얻어야 할 것만을 따라
바른 지혜로 온 힘을 다할 뿐,
다른 생각을 하지 않는다.
〈잡 아함경〉

우리는 시작할 필요가 없는 일을
언제나 시작하고 있고,
깨달을 필요가 없는 일을 깨닫고 있고,
할 필요가 없는 일을 하고 있다.
이 모든 것을 말로는 떠들고 있지만,
실제로 금생의 욕망으로부터
고개를 돌리지 않으면,
지금은 물론 미래의 여러 생에서
행복을 찾을 수 없게 된다.

마음을 낮추세요.
마음을 낮추면
마음이 편안해집니다.
복잡하게 생각하지 마세요.
생각이 단순하면
마음이 깊어집니다.
마음이 가난하길 기도하세요.
가난하면
마음이 겸손해집니다.

나를 미워하는 사람을 위해 기도하세요.
나를 미워하는 사람을 용서해야
평화가 올 수 있습니다.

진정한 기도란
사랑하는 사람보다
미워하는 사람을 향해 하는 것입니다.

건강은 으뜸가는 이익이요.
만족은 가장 값진 재산이며.
믿음은 최고 가는 친척이고.
해탈열반이 견줄 수 없는 행복이다.
〈담마 빠따〉

설사 악한 일을 했더라도
잘못을 알고 과실을 고쳐
선을 행한다면,
죄가 날로 소멸되어
언젠가는 진리를 깨닫게 된다.
〈사십이장경〉

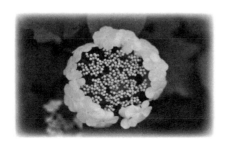

삶 속에 늘어 가는 것은 솔직함이다.

삶 속에 늘어 가는 것은 버리는 연습이다.

삶 속에 늘어 가는 것은 만족함이다.

삶 속에 늘어 가는 것은 지혜로움이다.

삶 속에 늘어 가는 것은 나눔이다.

삶 속에 늘어 가는 것은 법을 가까이 함이라.

삶 속에 늘어 가는 것은 부질없는 인연에
연연해 하지 않음이라.

삶 속에 늘어 가는 것은 명예와 재물보다
건강함이라는 것을 아는 것이다

여러분은
인생을 살면서 무엇을 알아가시는 건가요?
오늘 물어보세요.
자신이 무엇을 깨닫고
무엇을 중요하게 생각하는가.....

사람을 믿으려 하지 말고
법을 믿어라.
사람은 변함이 있지만
법은 변함이 없다.
〈잡 아함경〉

막히는 데서 도리어 통(通)하고
통함을 구하려 할 때 오히려 막힙니다.
부처님께서도 장애 가운데
보리도를 얻으셨습니다.
내 뜻에 맞지 않은 사람과 환경으로
인욕과 지혜를 얻는 원림으로 삼으십시오.
시시각각 변하는 마음을 다스리는 근본은
양심과 도덕과 예절입니다.
남을 원망하지 말고
나는 그들에게 불편하게 하지는 않았는지?
크든 작든 내 감정과 내 이익만을
요구하지 않았는지?
생각하여 보십시오.
끊임없이 깨어 있음으로
자신을 향해 알아차림 하세요.
자신의 감각적 욕망과 욕심들을
강하게 절제할 수 있어야 합니다.
그것이 바로 수행의 시작입니다.

마치 어머니가 목숨을 걸고
외아들을 지키듯이
모든 살아 있는 것에 대해서
한량없는 자비심을 발하라.
〈숫타니파타〉

사람과 사람 사이
가장 필요한 것은 소통입니다.
소통을 하는 것은
다른 사람들에게
사랑과 감사함을 느끼는 것입니다.
우리가 다른 사람으로부터
사랑을 얻는 가장 빠른 길은
주는 것이고,
사랑을 잃는 가장 빠른 길은
사랑을 쥐고 놓지 않는 것입니다.
사랑은 주고 또 주어도
넉넉하게 남아 있는 것입니다.
고마움은 나누고 나누면
더 많이 생기는 것입니다.
사랑과 감사는
많이 나눌수록 좋습니다.

말이 그 행위를
따라가지 못하는 사람
그는 무지한 사람이다.
말과 행위가 하나가 되는 사람
그는 지혜로운 사람이다.
무지와 지혜의 차이는
바로 이것이다.

〈법구경〉

모든 것이 마음에서 나와
마음으로 이루어집니다.
그 모든 것은 인연입니다.
마음의 열리면 세상이 열리는 것이고
인연을 따르는 것이 진리를 따르는 것입니다.
깨달음은 늘 우리 곁에 있습니다.
우리는 늘 거꾸로 생각하고 있기 때문에
깨달음과 멀어집니다.
깨달음은 어디에나 있습니다.
가족의 소리, 이웃의 소리, 도반의 소리. 음악
소리, 새소리, 물소리, 바람 소리.....
마음만 열면 되는 것입니다.
망상에 매달리지 말고
번뇌에 매달리지 말고
보고 들으면 저절로 보이고 들립니다.
내 마음의 문이 열리면
세상과 나, 내 이웃과 나, 내 가족과 나,
시절인연과 나는
둘이 아닌 하나라는 것을 알 수 있습니다.

자기를 굽힐 줄 아는 사람은
능히 중요한 지위에 처할 수 있고,
이기기를 좋아하는 사람은
반드시 적을 만나게 된다.

〈명심보감〉

인생은 짧고 깨우쳐야 할 것은 많다.
그 짧은 수명마저도 불확실하다.
누군들 내일을 장담할 수 있으랴!
모처럼 세운 서원을 이루려면
지금 곧 있는 힘을 다해
노력하지 않으면 안 된다.

〈아시타 존자〉

사람들을 만나 보면 다 그렇습니다.

말들은 다 맞는 말을 합니다.

그리고 남의 잘못을 보고 비난합니다.

그런데 시간이 흘러 보면

그 사람도 그 욕했던 사람이 했던 그 일들을

똑같이 합니다.

그리고는 말의 껍질만 남기고 떠나갑니다.

말은 누구나 다 합니다.

그러나 자기 말에 얼마나 책임을 지고

실천을 하고 있는지가

수행의 척도라는 생각이 듭니다.

저는 혼자 있는 것이 갈수록 편합니다.

남을 비방하거나,

잡론하거나

희론하고 싶지 않습니다.

정제된 말,

진실한 말,

그리고 그 말의 실천을 통해

인품을 향기롭게 하기 때문입니다.

세상살이에 곤란 없기를 바라지 마라.
세상살이에 곤란이 없으면
업신여기는 마음과 사치한 마음이 생기나니
그래서 성인이 말씀하시되
'근심과 곤란으로써 세상을 살아가라'
하셨느니라.

〈보왕삼매론〉

세존이시여! 자주 "무상" "무상" 하시는데
무엇을 무상이라 합니까?
라다야, 우리의 몸은 변한다.
우리의 느낌은 변한다.
우리의 생각은 변한다.
우리의 의지도 변한다.
우리의 인식도 변한다.
라다야, 이같이 관찰해서 일체를 떠나라.
일체를 떠나면 탐욕이 없어지고
탐욕이 없어지면 해탈할 수 있다.
해탈한 그때 미혹된 삶은 끝난다.

〈쌍윳따 니까야〉

부처님께서 일러주신 무상의 말씀이
보왕삼매론에도 잘 표현되어 있습니다.
무상하기 때문에
세상의 곤란,
세상의 시비,
세상의 분별,
세상의 탐욕,
세상의 명예,
세상의 재물에
자유로워질 수 있습니다.
자신의 삶을 소중히 여기는 사람은
물질 중심의 삶보다
정신 중심의 삶을 살아갑니다.
그들은 타인을 비방하거나 조롱하지 않습니다.
단지 자기의 그릇된 점을 고치고
자기의 성숙하지 못함을 탓할 뿐입니다.
여러분도
빈 마음으로 바람결에 일렁이는 법음을
들을 수 있는 훌륭한 귀를 가지고 있습니다.

여러 중생들의 고통을
제거해 주는 것을
'대자'라고 하고
한량없는 즐거움을
주는 것을
'대비'라고 한다.
〈열반경〉

초기 불교의 아비담마의 법수 중 121가지 마음부수 가운데에는 아라한의 아름다운 마음 중에 미소 짓는 마음부수가 있습니다.

도산 안창호 선생도 자신의 집 대문에 웃는 얼굴을 그려 붙여 놓았다 합니다.

누구든 그의 집에 들어올 때는 미소를 지으며 들어오라는 뜻에서입니다.

밝은 얼굴이나 어두운 얼굴은 각자가 지닌 마음에 의해 만들어집니다.

얼굴은 그 사람의 덕성의 표현이자 인생 그 자체라고 볼 수 있습니다.

항상 아름다운 미소를 짓고 환하게 웃는 모습으로 살아가세요.

천년의 미소 반가유상의 미소에도 부처님이 영산회상에서 많은 대중 가운데 꽃을 들어 보이실 때 유일하게 가섭존자만이 미소를 지었던 것처럼 좋은 마음은 좋은 표정을 짓게도 하지만 삶을 잘 풀 수 있는 보배이며 행복의 열쇠입니다.

정다운 말,
부드러운 말,
듣는 사람이 기뻐하는 말,
멋지고 도리에 맞는 말을
사용하라.
〈화엄경〉

마음이란 끊임없이 생겨났다 사라지는 것으로
실체가 없는 것입니다.
시간과 공간에 따라 흔들리고 변화하는
중생의 마음을
바로잡는 것이란 참으로 어렵습니다.
바로잡기 이전에
자기 마음을 볼 수조차 없습니다.
지나간 마음은 이미 사라져 붙잡을 수 없고,
현재의 마음도 찰나에 일어났다 곧 사라지고,
미래의 마음은 아직 알 수 없으니
그 마음 가운데
어떤 마음을 참된 마음이라 하고
어떤 마음을 내 마음이라 할 수 있겠습니까?
그래서 불교에서는
나라는 존재를 무아라 했습니다.
항상 변화만 있고
잠시도 머물러 있지 않는 현상 가운데
무엇을 얻을 수 있겠습니까?

그래서
변화만 있는 현상 그것을
무상이라 합니다.
순간순간 변화하여 흐르는
찰나의 무상한 현상에
마음 쏠리지 않고 일체를 차별 없이 보면
일체 경계에 이르러 만상이 하나로 평등하여
생멸의 기능으로 일어나고 사라짐을
보게 될 것입니다.

마음의 변덕을 따라
이리저리 흔들리지 마라.
항상 마음을 잘 다스려서
부드럽고 순하고 고요함을
지니도록 하라.
〈장 아함경〉

의상조사는 법성계에서
잉불잡란격별성(仍不雜亂 隔別成),
모든 것은
'혼란 없이 정연하게 따로따로 이루어져 있다'
고 하셨습니다.
그런데 우리는
엄밀한 조화와 질서로 이루어진
우주 가운데 살아가면서도
자신이 지니고 있는 한계성을 탓하며
바깥 세계를 전혀 감지하지 못합니다.
눈에 보이고 귀로 들리는 세계만이
전부인 양 착각하고 있습니다.
보고 듣는 것 이외의
이 세상의 광대함을 알아야 합니다.

마음이
몸의 결박으로부터 풀어질 때
광대한 세계에 눈을 뜹니다.

마음은
잠시도 가만히 있지 못하는
원숭이와 같아서
조금만 한눈을 팔면
금방 어디론가 달아나거나
골치 아픈 문제를 일으킵니다.
그 마음을 잘 통제할 수 있어야 합니다.
끊임없는 자기 성찰과
자기 내면의 의문을 따라
걸어가시기 바랍니다.

비구들이여,
아직 유학이고 완전함을
증득하지 못했으나
속박으로부터 벗어난
최상의 안온을 열망하는 비구들에게
현명한 주의력보다 더 도움이 되는
다른 어떤 것도 알지 못한다.
지혜롭게 주의를 기울이는 비구는
해로움을 버리고 유익함을 함양한다.
지혜롭게 노력하는 비구는
모든 괴로움의 소멸을
이룰 수 있을 것이다.

〈앙굿따라 니까야〉

기도하는 사람은 세상의 모든 일들을
있는 그대로 받아들이는 것입니다.
그리고 바꿀 수 있는 것은
바른 통찰력의 지혜와 정진력으로
자기 자신을 바꾸는 용기를 실천합니다.
그것이 바로 자기를 수용하는 것입니다.
"바라옵건대 제게 바꾸지 못하는 일들을
받아들이는 차분함과
과감하게 바꿀 수 있는 용기와
그 차이를 늘 구분하는 지혜를
갖추도록 하옵소서".
급변하는 세상 속에서 무언가 쫓기듯
정신없이 살아갑니다.
때론 허황된 기대와 현실 사이에서 좌절하고
마음의 중심을 잃고 흔들리며
괴로워하기도 합니다.
그래도 우리에게 차분함과 용기와 지혜만 있다
면 이 험한 세상 잘 헤쳐 나갈 수 있을 것 같습
니다.

성자는 보물과 같아서
항상 변함이 없지만
악한 자는 저울과 같아서
조그마한 무게로도 오르내린다.
〈선설보장론 관우자품〉

우리는 늘 경계에 따라
몸과 마음에 변화가 일어납니다.
내가 듣기에 좋은 말,
내가 보기에 좋은 것,
내가 느끼기에 나에게 이익이 되는 일,
크고 작은 많은 일들이
나라는 관점을 대상으로
시비분별로 좋고 나쁨이 일어나
화가 나기도 합니다.
현대인들은 분노에 시달립니다.
화가 나 있는 나에게서 한 발 떨어져
화를 일으킨 나에게 이야기해 보세요.
"스스로 평정심을 유지하려고
노력하지 않으면
어느 누구도 도와줄 수 없다는 것을
알고 있는지요?"
평정심을 유지한 사람을
붓다의 가르침에서는
늘 깨어 있는 수행자라고 합니다.

지나간 것의 환상에 사로잡혀
아쉬워하지 말며,
새로운 것에 만족하여
안주하지 말며,
사라져 가는 것들을
슬퍼하지 말며,
욕망이 이끄는 대로
끌려다니지 말라.
〈숫타니파타〉

사람이 불행한 이유는 단 한 가지입니다.
그것은 자기 자신이 행복하다는 사실과
현재의 모든 것이 다 갖추어졌음을
그냥 잊어버리고
남과 비교하기 때문입니다.
시간은 시냇물과 같고
삶은 무지개와 같습니다.
시간은 한번 흘러가면
다시 돌아오는 법이 없습니다.
자신의 삶을 후회하지 않는 방법은
다시 돌아오지 않을 시간과
이 순간을 오직
행복하게 보내는 일입니다.

다시 오지 않을 이 순간을
다시 만날 수 없을지 모르는
이 인연들에게
최선을 다하여 삶을 나누는 것
이것이 삶의 행복이 아닐런지요?

나를 죽이려는 자가 있으면
내 마음이 기쁠 리 없다.
누구나 마찬가지일 것인데,
어떻게 중생을 죽이랴?
이것을 깨달았거든
불살계를 받아
살생하기를 원치 말라.

〈범망경〉

살생은
중생을
두려움과
괴로움의 원한으로
밀어 넣습니다.
삶의 희망을
송두리째
앗아가 버리는 것입니다.
길거나 짧거나
힘이 세거나 약하거나
하나뿐인 귀한 생명들입니다.
저 흔들거리는 삶,
그들만의 삶의 열정을
들여다 보세요.

지혜 있는 사람은
먼저 온갖 중생의 마음을
살피고 나서
가르침을 설한다.
〈지장 십륜경〉

내가 가장 바라는 것이
나에게 가장 좋은 것이 아닙니다.
내 일상의 희노애락이
고통의 근원이 됩니다.

내가 말하고,
내가 생각하고,
내가 행동하는
모든 것은 기록되어
내 생각의 수레바퀴를 돌리는
원동력으로 작용합니다.

생각을 향기롭게 하는 일
말을 향기롭게 하는 일
그 향기롭게 하는 일이
바로 일상의 행복을 만드는 일입니다.

어리석은 사람은
한평생 어진 사람을 가까이 섬겨도
국자가 국 맛을 모르듯이
정법(正法)을 알지 못하고.
슬기로운 사람은
잠깐 동안 어진 사람을 가까이 섬겨도
혀가 국 맛을 알듯이
정법을 안다.

〈법구경〉

정의를 따르다가
이익을 얻지 못하는 것은
불의를 따르다가
이익을 보는 것보다
낫습니다.
지혜가 있으면서 평판을 얻지 못하는 것은
지혜롭지 못하면서 높은 평판을 얻는 것보다
낫습니다.

지혜로운 사람에게 꾸지람 듣는 것은
어리석은 사람에게 칭찬을 듣는 것보다
낫습니다.

욕망으로부터 벗어나
자기를 단련하다 얻는 고통은
욕망에서 얻어지는 쾌락보다
낫습니다.

마땅히
머무는 바 없이
그 마음을 내라.
〈금강경〉

인생에서 겪는 수많은 일들에
원인과 결과 없이
스스로 존재하는 것은 없습니다.
진리는 늘 고통 속에서 발견되고,
연꽃은 진흙 속에서 피어납니다.
고통이 남기고 간 뒤를 보세요.
인내와 인욕의 찬란한 고통 뒤
그곳에서 아름다운 성숙의 결실이 나타납니다.
그것이 자연의 법칙입니다.
나를 아프게 하는 것은
또 한번 나를 성장하게 합니다.
나를 또 한번 내려놓고
함께 세상을 살아가는 진정한 방법을 배우고
인생학교에서 자신을 성숙시키는
공부거리를 주는 거라 받아들여 보세요.
또 한번 나에게 잘 해낼 수 있는 지혜와 용기,
긍정의 생각을 주세요.
찬란한 인내의 꽃이 피어서 지혜의 향기를 펼
치는 삶이 되어 있을 것입니다.

항상 염불하는 사람에게는
여러 사견(그릇된 생각)이
파고들 틈새가 없느니라.
〈무량문교밀지경〉

항상 밝은 마음으로,
사물을 긍정적으로 보세요.
불행한 일을 당하더라도
그 어려움에 짓눌려
눈물만 흘려서는 안 됩니다.
실패를 두려워하는 사람은
성공할 수 없습니다.
실패를 하면 실패라는 친구 손을 잡고
일어서면 됩니다.
 우리가 진정 두려워해야 할 것은
자기 자신에 대한 불성실입니다.
자신에게 충실하지 못할 때
사람들은 마음속에 두려움이 생깁니다.
 진리를 따르는 사람,
자신에게 성실한 사람만이
마음 가운데 두려움과 공포심이
사라질 수 있습니다.
평범한 사람들은 이해할 수 없는 거룩한 힘,
신비로운 힘이 생겨납니다.

모든 중생에게는
피할 수 없는 일곱 가지가 있다.
태어남,
늙음,
병듦,
죽음,
죄,
복,
인연이
그것이다.
이 일곱 가지 일은
아무리 피하려 해도
마음대로 되지 않는다
〈법구비유경〉

사람들은 대화를 한다고 하지만
서로 대화의 내용을 듣기보다는
생각으로 대화를 합니다.
여러명이 있는 곳에서 같은 말을 했는데도
어떤 분은 이렇게 이야기하고
어떤 분은 저렇게 이야기합니다.
똑같은 내용으로 다양한 이야기를 하는 이유는
자기의 경험과 생각대로 듣기 때문입니다.
그래서 많은 오해가 생깁니다.
오늘부터는 진정으로
상대의 뜻에 귀를 기울여 보십시오.
우리 삶에 중요한 일이 생깁니다.
그 소리를 통해
사람들과 관계가 좋아지고
마음에는 평온이 오며
행복해질 수 있습니다.
세상을 바로 듣고 바로 사유할 수 있으면
사람들의 소리가
내 삶에 큰 감동이 될 수 있습니다.

옛날에
한 사미가 개미를 구해 줌으로써
착한 일을 닦은 까닭에,
그 수명이 다하도록
괴로움이 없이
몸이 편안했으니,
복덕의 힘이
강했기 때문이니라.
〈생사득도경〉

모든 근심과 걱정의 뿌리에는
탐욕과 애착이 자리잡고 있습니다.
이것이 강한 사람일수록
근심이 많은 사람입니다.
한 심리학자에 의하면
많은 사람들이
쓸데없는
96 퍼센트의 걱정거리
(결코 일어나지 않을 일들,
이미 일어난 일들,
아주 사소한 일들,
전혀 손쓸 수 없는 일들) 때문에
진정으로 해야 할
4 퍼센트의 일을
그냥 지나치는 경우가
의외로 많다고 합니다.
여러분은 몇 퍼센트의 필요 없는 걱정을
가지고 있는지요?

참으로 내게 이득이다.

참으로 내게 이득이고 장점이다.

음식을 베풀어서 생명을 주는 자는

천상이나 인간들의 삶을 얻는다.

보시하는 자를 좋아하고

많은 사람들이 모인다.

좋은 사람들의 법을 따라

보시하는 자는 사랑받는다.

이와 같은 방법으로

세존께 보시하는 자의 이득을 찬탄하셨다.

반드시 나도 그 이득에 동참하리라.

〈청정도론〉

인색함은 가난의 원천입니다.
사람들은 가난의 이유를 살피지 않습니다.
내가 항상 가난하다면
욕심의 때와 인색함의 때에서
벗어난 마음으로
아낌없이 나누고 보시하여야 합니다.
마음은 깨끗하고,
베풀어 나누는 것을 좋아하고,
사람들을 따뜻하게 대하며,
빚지는 것을 조심하고,
구걸하지 않으며,
이와 같이 행하다 보면
가난으로부터 벗어나
금생에도 내생에도
넉넉하고 풍요롭게 살아갈 것입니다.
수행과 기도는
처절한 자기 자신의 탐진치 습관과
이별하는 것임을 명심하시기 바랍니다.

자기나 남을 위하여,
재물과 오락을 위하여
거짓으로써 말하지 않으면
그것이 곧 하늘에 태어나는 길이다.
〈잡 아함경〉

한 생각을 잘 다스려 보세요.
부처의 생각으로 행하면
부처가 되지만
그릇된 마음을 행하면
중생의 삶이 뒤따릅니다.

한 생각의 값이 중요함을
아는 사람이 늘어날 때
세상은 아름다워질 수 있습니다.

진흙 구덩이 속에서도
자신의 생각을 잘 다스려
한 떨기 연꽃을 피울 수 있는 삶을
살아가시기 바랍니다.

항상 새벽처럼 깨어 있어라.
부지런히 노력하는 것을 즐겨라.
자기의 마음을 지켜라.
자기를 위험한 곳에서 구출하라.
진흙에 빠진 코끼리가 자신을 끌어내듯.
〈법구경〉

소크라테스는
"내가 철저히 아는 것이 하나 있다.
그것은 내가 나를 철저히 모르고 있다는
사실이다."
라고 말했습니다.

다른 사람들과 더불어 살아가면서
환영받는 사람이 되려면
이 한 마디만 명심하면 됩니다.

부처님은
결코 자신을 드러내거나
과시한 적이 없었습니다.
금과옥조와 같은 진리의 말씀을
수없이 털어놓으시고도
"나는 결코 한마디도 말한 적이 없노라."
라고 하셨습니다.

지금 이 순간을
진실하고 굳세게 살아가는 것,
그것이
하루하루를 살아가는
최선의 길이다.
〈법구경〉

내 입장에서 좋고 나쁜 일들에
너무 예민하게 반응하지 마세요.

세상사는 변화가 많아
어떤 일이 화가 될지,
어떤 일이 복이 될지
예측할 수 없거든요.

'인생사 새옹지마'라는
고사성어를 교훈삼아
덤덤히 살아갈 필요가 있습니다.

덤덤함 속에서 나오는 고고함이
기품입니다.

어떤 사람이 정성을 다해
붓다인 나에게 공양하고,
또 한 사람은 부지런히
부모님께 효행을 닦는다면
이 두 사람의 복덕은
다르지 않아서
삼세(三世)에 걸쳐
한량없는 복을 누리게 된다.
〈대승 본생 심지관경〉

사랑과 헌신 속에 일하는 사람은
어떤 직업에 종사하더라도
자신의 일에 영혼을 불어넣습니다.
자신의 일에 전심전력하는 가운데
그의 작품은 영원과 하나 되어
무한한 생명력과 세상을 움직이는 힘을
만들어 냅니다.
변화와 창조의 삶을 살기 위해서는
결과에 너무 조급해 하지 마세요.
봄에 새싹이 돋아나기 위해서
매서운 겨울을 지나야 하듯
모든 것은 때가 되어야 합니다.
한 걸음 한 걸음 한결같이 꾸준히
서원을 세워 가다 보면
그 길에 도착해 있습니다.
어떤 일이든 선한 뜻에서 시작한 일이라면
선한 결과를 맺을 수 있다는 것을 확신합니다.
그런 사람에게 필히 세상의 어둠을 밝히는
영광이 함께할 것입니다.

지혜로운 사람은
재물을 남을 위해 쓸 줄 알고
자기를 위해 쓸 줄도 알아
그 목숨을 마친 뒤에는
천상에 태어나게 된다.
〈잡 아함경〉

우리가 모든 일에 믿음을 가지면
마음이 편안해지는 것은 물론이고
당장 두뇌 건강에 결정적인 영향을 미칩니다.

신심을 가지면 일체가 편안해집니다.

믿음은 나를 믿는 힘으로 나를 응원합니다.
믿음으로 상상력이 증장되고
사회 발전의 원동력이 됩니다.

아이들에게도 어렸을 때부터
강한 신심을 심어 주세요.
신심은 나에 대한 믿음과
진리에 대한 믿음입니다.
신심을 심어 주는 것은
무한한 재산을 물려주는 것과 같습니다.

보이지 않는 세계를 움직이는 것은
바로 자신에 대한 믿음입니다.

사람은 누구나
깨달으려는 의지를 갖고 있다.
이 사실을 자각할 필요가 있다.
자각한 사람은
영원히 흔들리지 않는다.
〈대승 기신론〉

도에 가까우면
이름이 드러나서
높은 산의 눈과 같고,
도에서 멀면
지혜에 어두워서
밤에 화살을 쏘는 것과 같다.
〈법구경〉

만약 상대에게 불평불만이 있다면
혹시 '나에게 미흡한 점이 있나' 하고
자신을 되돌아보세요.
남편이 나를 어떻게 바라보고 있는가?
아내가 나를 얼마나 사랑하는가?
하면서 상대의 마음을 살피는 것이 아니라
내가 얼마나 그들에게, 내가 얼마나 사랑을
베풀고 있는가가 우선입니다.
그들을 향한 나의 사랑이 그들에게
편안과 감동을 줍니다.
그 감동이 모여 가족의 사랑은 깊어집니다.
나의 성공 여부는
상대에 의해 결정지어지는 것입니다.
가깝다 해서 함부로
"이제 헤어지자. 이혼해." 하거나
"그럴 줄 알았지. 역시 당신은 안 돼." 하는
안타까운 얘기는 하지 마세요.

상대방이 곧 나의 심판관이니
내가 아무리 잘했다고 해도
심판은 상대방이 합니다.

"상대방은 항상 옳다."라는
생각의 전환이 필요합니다.

저 또한 많은 삶의 경계들 속에
수없는 일들을 스쳐보내지만
항상 그들의 생각을 바꿀 수 없었습니다.
그들의 생각이 틀렸다 하는 그 순간부터
인연은 멀어집니다.
그들의 생각을 탓하지 마시고
그들의 생각이 옳다는 생각의 전향이
필요합니다.
내 마음을 내려놓을 때
관계 속에 평화가 옵니다.

남과 멀어지게 되었을 때에는
곧 화합하라.
남의 장점은 추켜 주고
단점은 감추어 주라.
남의 부끄러운 곳을
건드리지 말고
비밀을 지켜 주어라.
〈우바새계경〉

우리의 여러 가지 감각기관(안이비설신의)은
형색, 소리, 냄새, 맛, 감촉, 인식들로 인해
외부의 대상들을 각양각색으로
나만의 마음 사진을 찍어 냅니다.
모두 상대방이나 대상에 상관없이
자신의 느낌과 생각,
과거의 경험으로 인한
편견과 아집으로
착상된 렌즈를 통해 찍어 냅니다.
부처님 말씀에 따르면
한 생각 가운데 찍힌 필름은
무량겁에 걸쳐
내 삶에 영향력을 행사한다고 합니다.
마음 가운데 찍힌 사진은 두고두고
삶과 상대방을 판단하는 기준으로
활용되는 것입니다.
그런데 그것은 모두
나를 위한 이기심을 바탕으로 찍은
탐진치의 사진들이며

그 모든 것들은

우리가 만들어낸 인식의 '허상'입니다.

인생이 고통과 고해의 바다인 것은

우리의 '마음렌즈'가

욕심으로 더럽혀져 있기 때문입니다.

마음의 렌즈를

깨끗이 닦고 또 닦아

우주의 진실과 실상을 제대로 찍을 수 있는

마음의 눈,

혜안(慧眼)을 밝히시기 바랍니다.

몸을 절제하고
말을 삼가하고
그 마음을 거두고
성냄을 버려라.
도의 길을 가는 데에는
인욕이 가장 으뜸이니라.
〈법구경〉

일어나는 모든 번뇌는

눈. 귀. 코. 혀. 몸을 통한 감각 접촉으로

일어납니다.

늘 우리는 불안감에 시달립니다.

잠시의 인연에 의한 조건들이 만들어낸 일들이

전부처럼 느껴집니다 .

'모든 일어나는 일들은 전부 내 삶이 아니다.'

라는 것을 알지 못합니다.

또한 내 인생의 주인들도 아닙니다.

그저 감정과 느낌의 손님에 불과합니다.

손님은 나의 집에서 평생 머물 수 없듯이

그저 무수한 느낌과 생각들이

내 몸을 스쳐가는 여행객입니다.

우리 감정의 손님을 있는 그대로 바라보고

모든 것은 변화한다고 볼 때

내가 내 삶의 주인이 되며,

나와 남을 구분 짓지 않을 때

세상과 내가 하나가 될 수 있습니다.

족함을 아는 사람은
비록 맨땅 위에 누워 있어도
오히려 편하고 즐거움이 되지만,
족함을 알지 못하는 사람은
비록 천당에 있어도
마음에 들지 않는다.

〈불유교경〉

있는 그대로의 자신을
드러내다 보면,
비로소 진정한 자신에
눈뜨게 됩니다.
완전한 존재가 되기를 기다렸다가
자신을 사랑하려 한다면
인생을 낭비할 뿐입니다.
잘나면 잘난 대로 못나면 못난 대로
지금 이 순간 이곳의 나를
있는 그대로 사랑할 수 없다면,
우리는 언제 어디서
내 모습을 사랑할 수 있겠습니까?
내가 나를 사랑하니
세상 모든 사람이 사랑해 주고
내가 귀하니
세상 모든 사람이 귀하고
세상 모든 사람이 사랑의 존재로
보이는 것입니다.

아버지가 없다면
태어날 수 없고
어머니가 없다면
성장할 수 없다.
즉,
생명은
아버지의 혈통으로부터 받고
육체는
어머니의 태에서 받는 것이다.
〈부모은중경〉

우리가 만나는 사람은
내가 지은 인연 따라 만나게 돼 있습니다.
상대방은 모두 나 자신을 비춰 보는
거울 같은 것입니다.

내가 만나는 모든 사람은
전생의 인연 또는 금생의 인연 따라
만나는 것입니다.
그래서 부처님께서는
인연이란 말씀을 쓰셨습니다.

내가 남에게 또 남이 나에게 하는 행동은
전부 인연 따라서 내가 지은 바대로
받는 것입니다.

오늘의 나를 여기로 데려온 것도 나이고
미래의 어떤 세계로 나를 데려갈 사람도
바로 나 자신입니다.

일을 하면 끝을 맺고
결코
중도에 그만두어서는 안 된다.

〈별역잡아함경〉

말을 하지 않아서
손해 보는 법은 없습니다.
때론 옳은 말도 하지 않는 것이
좋을 때가 있습니다.

말을 많이 하게 되면 말실수도 하게 되고,
말의 실천을 하지 않게 되면 말 빚을 지며,
사람들로부터 공격을 받게 됩니다.

누가 나를 비난해도 마음에 담지 말고
그대로 지나치고 한결같이 실천하다 보면
상대방도 마음문을 열고 다가옵니다.

마음에서 상대에 대해 기대하지 않으면
부딪치거나 서운할 일도 없습니다.

말을 줄이는 것도 중요하지만
상대에 대한 마음의 참견과 간섭하려는 의도를
알아차리는 것이 중요합니다.

사람의 집에 어머니가 있어서 즐겁고
아버지 또한 계시면 더없이 기쁘다.
세상에 사문이 있어서 즐겁고
천하에 도가 있어 기쁘다.
〈법구경〉

부처님은
"우리가 마음을 다스리고자 할 때
말의 힘이 중요하다.
말의 힘을 자각한 자는
어찌할 수 없던 마음을
다스리는 열쇠를 얻게 된다."
라고 하셨습니다.

내가 남에게 건네는 말 한마디,
남이 나에게 건네는 말 한마디가
가공할 위력을 발휘합니다.

실제로 사람의 운명이
선생님의 평범한 말 한마디에,
부모님이나 친구의 말 한마디에
삶이 달라지는 경우를 많이 봅니다.

말 한마디가
곧 부처님이요,
곧 진실한 공양입니다.
말 한마디에
우리 모두의 운명이 달려 있는 것입니다.
지금보다 더 좋은 말을 사용하는데
더 큰 노력과 관심을 기울여 보세요.
말의 힘을 통해 마음을 통제할 수 있게 됩니다.
그리고 나와 세상이 행복해집니다.

잘 덮인 지붕에
비가 새지 않듯이
수행이 잘된 마음에는
욕망이 스며들 틈이 없다.
〈법구경〉

앞날을 걱정하거나
운명을 크게 걱정하는 사람은
운명에 발목을 잡히는 경우가 생기고,
운명에 맞서 과감히 개척하려는 사람은
운명이 비켜 간다'고 하셨습니다.
'힘들다' 하는 순간에도
성공을 거두는
위대한 누군가가 있습니다.
묵묵히 자신의 능력을 연마해 가세요.
몸과 마음을 다해
성실한 자세로 살아간다면
미래는 걱정할 필요가 없습니다.
우리는 살아가면서
누군가를 나의 방식대로 바꾸고 싶어 하지만
누군가를 바꾼다는 것은 거의 불가능함을
깨달아야 합니다.
자기 자신도 변하지 않으면서
남이 변하기를 바라지 마세요.
사람들은 쉽게 변하지 않습니다.

남을 바꾸려 하는 것보다
내가 먼저 변하는 것이
훨씬 더 편하고 빠릅니다.
그래서 끝임없이 변화하는
내 마음과 몸의 상태를
놓치지 않고 살필 뿐입니다.
미래도
과거도
현재도
오직 흘러갈 뿐이고 변화할 뿐입니다.

미움 속에 살면서
미워하지 않음이여.
내 삶은 더없이 행복하여라.
사람들 서로서로 미워하는 그 속에서
나만이라도 미워하지 말고
물처럼 살아가자.
〈법구경〉

우리가 맑고 밝은 생각을 하면
몸에 갖가지 활력을 불어넣는
베타 엔돌핀을 생성할 수 있는
몸의 시스템으로 바뀐다고 합니다.

반대로 상대방을 헐뜯고 비난하는 생각을 하면
독사의 독보다 더 무서운
노르아드레날린을 만드는
몸의 시스템으로 바뀐다고 해요.

몸과 마음에 병이 드는 것은 전적으로
내 생각의 메커니즘에 달려 있습니다.
항상 맑고 밝은 마음으로 살아가세요.
순간순간 일어나는 좋은 생각들이
건강한 삶을 만들어갑니다.

성인은
양극단에 의지하지 않으며,
여러 생존에 대해서,
또한
이 세상이나 저 세상에서
원하는 바가 없다.
모든 사물에 대해 단정하는 편견이
그에게는 도무지 없다.
〈숫타니파타〉

사람들은 알지 못합니다.

하늘에서 보배가 내린다고 하셨던,

의상조사 법성게

우보익생만허공(雨寶益生滿虛空)의 참뜻을...

지금 중생이 사는 세상은

황금의 비, 다이아몬드의 비가 내린다고 해도

그 표현이 부족합니다. 그러나 실상은

한도 끝도 없는 보배의 나라입니다.

그 보배의 나라에서

행복하게 사는 방법은 무엇입니까?

중생수기득이익(衆生隨器 得利益),

중생을 이익되게 하는 보배가

허공에 꽉 차있는데

중생의 그릇이 작아서

받아먹지 못할 뿐입니다.

"욕심을 비워야만 한없이 담을 수 있다는

가르침입니다."

자꾸만 나누어 보세요.

그러면 많은 복과 행복이 내 삶에 채워집니다.

슬기로운 이는
잘 생각하여
이익과 손해를 확실히 알고
해야 할 일과 하지 말아야 할 일을
잘 파악하고 있기에
재물이 들어오는 것이
마치 강이 넓고 큰 바다로
흘러드는 것과 같다.

〈별역잡아함경〉

악을 싫어해 멀리할 것이며
술을 절제하고 덕행 쌓는 것을
게을리하지 마라.
이것이 더없는 행복이니라.

〈숫타니파타〉

자신에게 충실하여지기 바랍니다.
자신의 일에 충실할 때
자신의 행복은 물론
이웃까지 행복하게 합니다.
먼저 자신을 위해 사는 것입니다.
그리고 날마다 선한 마음으로
살아야 합니다.
선한 마음은
이웃에게 덕이 되고
자신을 맑게 하는 삶이 되며
제일의 행복인 것입니다.
마음이 바르고 선하면 평화가 찾아옵니다.
맑음은 다른 곳에 있지 않고
자신의 몸과 마음에 집중하고,
생각을 내려 놓을 때 찾아오는 향기입니다.
사람들은 세상을 이분하는 것이
나쁘다고 말하지만
모든 것은 이분됩니다.
부자와 가난한 자, 일등과 꼴등.....

그러나 꼴등이 패자는 아니라는 사실이
중요합니다.
꼴등이
스스로 일어서지 못하고
도전하지 못할 때
비로소 패자가 되는 것입니다.
진정 승자와 패자를 가르는 잣대는
마음의 태도에 있습니다.

오늘도 팔정도 정진 속에서
얼마만큼
바른 정견의 삶을 살아갈 수 있는가가
불자들의 올바른 생각과 삶입니다.
불자라고 하면서
부처님의 가르침을 외면하고
내 생각만을 고집한다면
우리는 사바의 고해를
영원히 벗어날 수 없습니다.

중생들이
불법승 삼보에 귀의하지 않고
여러 악업을 지으면
육도윤회하여
끝없이 괴로움을 받을 것이다.
그러므로
응당 불법승 삼보에 귀의해
자타의 이익과 안락을
구해야 한다.

〈대반야경〉

남이 나를 알아주기를 바라지 마십시오.
남이 나를 알아주기 원한다면
당신은
끝없이 다른 이에게 지배되어야 합니다
부처님과 부처님의 가르침에도
우리는 온전히 따르지 않고
끝없는 마음의 방황을 합니다.
그분의 지혜와 향기나는 삶을 배워야 합니다.
그 향기를 내 안에 품고 바른 생각으로
무소의 뿔처럼 홀로 가는 겁니다.
남이 나를 어떻게 평가하든
각자 자신들의 인생은 자신이 사는 것입니다.
남에게 비난받는 행위를 해서는 안 되겠지만
그렇다고 칭찬받는 행위만 한다면
자신의 인생을 진정으로 사는 것이 아닙니다.
칭찬받기 위해 자기의 삶을 포기하고
남의 삶을 살아야 한다면
어쩌면 내 삶의 지표를 잃고
남이 안내하는 길만을 찾아가야 합니다.

사람마다 똑같은 일을 해도
어떤 사람은 잘되기도 하고
어떤 사람은 잘못되기도 합니다.
사람들은 각자의 바라밀의 공덕과
과정이 다르기 때문입니다.
내가 지어 내 스스로 받는
인생의 여정길에서
과보의 책임으로 남습니다.
당신은 오직 자신이 인정하는
진정한 삶을
살아야 합니다.
남이 알아주기 전에
자신이 알아주는 삶을 살면
당신은 행복하고 만족된 삶을
살다가는 것입니다.
내 자신의 참된 인생의
진정한 주인이 되어야 합니다.

어리석은 사람은
출세와 이익과 명예와 욕심 때문에
괴로워한다.
그러나 현명한 사람은
탐욕이 없어
가는 곳마다
그 모습이 아름답다.
〈법구경〉

시간저축은행 영업사원이란 말이 있습니다.
우리는 내 삶의 시간을 얼마만큼 아끼는
시간저축은행 영업사원으로 살고 있는가요?
우리는 삶 속에 시간을 절약해서
시간저축은행에 얼마나 예치를 해두셨는지요?
시간을 예치해 두면
이자가 이자를 낳아서
인생의 몇십 배나 되는 내 인생 시간을
만들 수 있습니다.
우리는 티브이, 인터넷 등
다양한 사이버 세상에
시간을 많이 빼앗깁니다.
시간도둑이란 말이 생각납니다.
각자 주어진 시간이 짧지 않음에도
우리는 시간이 없다는 말을 자주합니다.
바쁘다는 이유로
정작 중요한 뭔가 자신만의 것을
놓치지 않는지요?
오늘도 시간을 많이 저축하셨는지요?

탐욕과 성냄과 어리석음의 욕구를
따르지 말고.
항상 자기 자신을 살펴
중생심을 경계하라.
〈불반니원경〉

남을 원망하는 마음으로는
그 누구에게도 원망을 풀 수 없다.
오직 원망을 떠남으로써만
원망을 풀 수 있다.
이것은 영원히 변치 않는 진리이다.
〈법구경〉

우리가 살아가면서 부딪치게 되는 많은 고통은
겉포장에 쏠려 그것이 전부인 줄 아는
어리석음 때문입니다.
상(相)을 떠나 스스로 갖춰진
참된 진리를 볼 수 있어야 합니다.
부처님은
어떤 형상으로 계시는 분이 아닙니다.
맑고 투명한 영혼으로 세상을 살면서
간절히 기도하고 정진하면 내 마음 자리에
부처님이 가르쳐 주신 지혜의 힘에 의해
어느 날 모든 것이 이루어지는 것입니다.
이 원리를 아는 사람은
자신의 마음을 맑히고자
진리를 배우고자 정성을 다합니다.
그리고 인과의 도리를 알고
선한 의도로 모든 이웃을 나와 같이 대할 때
비로소 진정한 부처님을 만날 수 있게 됩니다.
어쩌면 부처님은 바라밀의 실천이며
내 안의 참되고 진실함 자체가 아닐까 합니다.

늘 진실과 자비의 마음이면
내가 서 있는 그곳이
바로 극락이라.

〈화엄경〉

어떤 환경에서 다가오는 모든 병을
너무 고통스러워하지 마세요.
하늘이 주신 내 자신의 도약의 선물이라고
받아들여 보세요.
그러면 내 안의 지혜를 통해
극복할 수 있습니다.
세상의 이치란?
불구부정(不垢不淨),
더러울 것도 깨끗할 것도 없습니다.
부증불감(不增不減),
늘어날 것도 줄어들 것도 없습니다.
명예도, 재물도,
사랑도, 죽음도,
이와 같습니다.
중생은 늘 잘못된 의식이 허상의 포장에
상이 맺혀 착각합니다.
고통도, 괴로움도 그 포장에 걸리지 않을 때
진정 자유롭고
극락세계에 머뭅니다.

모든 강물이 바다에 이르면
강으로서의 이름이 없어진다.
모든 사람도 불법이라는
바다에서는 평등하다.
〈증일아함경〉

내가 너에게 이렇게 해줬는데
당신이 나에게 어떻게 이럴 수 있나!
내가 당신에게 준 것이 얼마인데,
나에게 이럴 수 있나!
사람들은 늘 상대에게 뭔가를 준 것처럼 해놓
고 내가 준 것만큼 돌아오기를 바란다.
그게 바로 원망의 마음, 미움의 마음,
빈곤의 마음이다.
우리가 누군가를 위해 좋은 일을 했다면
그냥 좋은 일을 했다는 것으로 만족합니다.
착한 생각 좋은 생각조차 없어져야 합니다.
좋은 일을 하고서 그것을 늘 기억한다면
윤회의 고통에 걸린 작은 마음의 그릇을
가진 사람입니다.
그릇이 큰 사람은 다른 사람이 알세라
나보다 남을 먼저 드러나게 해 줍니다.
모든 영광은 다른 사람에게 돌리고
스스로 뒷짐지고 물러서 미소만 짓는,
멋진 공덕짓는 사람입니다.

비구들이여,
'과거와 현재와 미래의,
내부와 외부의, 거칠고 섬세한,
저급하고 고귀한, 멀고 가까운,
모든 물질을
이 물질은 나의 것이 아니다.
이 물질은 내가 아니다.
이 물질은 나의 자아가 아니다.' 라고
이렇게 있는 그대로
바른 지혜로써 봅니다.

〈무아경 〉

그대는 이제 많이 늙었고
곧 숨을 다하여 죽음을 만나리.
저승 가는 길 도중에는
머물 곳도 없으니
그대의 여행에 준비된 것
하나도 없네.

〈담마 빠따〉

무릇 세상은 온갖 근심이며,
슬픔과 괴로움은 모두가
집착에 인연하여 생겨납니다.
사랑하는 자가 없으면
슬픔도 없습니다.
그러므로 이 세상 어디에도
사랑하는 자가 없는 사람들은
편안하며 집착과 슬픔을 떠나 있습니다.
그러므로 근심 걱정 없고
번뇌를 떠나 있기를 바라는 사람은
세상 어디에서도 집착이 없으니
사랑하는 사람을 만들지 않습니다.
사랑하는 사람은
비단 사람만 해당되지 않습니다.
우리의 삶을 둘러싼
권력, 재물, 명예, 모든 애착과 집착을
이야기하는 것입니다.

옷에 때가 묻으면
잿물로 몇 번이고 빨아
더러운 옷을 깨끗이 하는 것처럼
마음에 번뇌 망상의 때가 낄 때는
나의 가르침으로
마음의 때를 씻어야 할 것이다."
〈불반니원경〉

모든 남자는 나의 아버지이며
모든 여인은 나의 어머니로 알아라.
부모님은 세세생생 나를 낳아서
나로 하여금 도를 배우게 하시므로
이제 깨달음을 얻는 것은
다 부모님의 은혜이니
사람이 도를 배우고자 하면
먼저 효도로써 정진하지 않으면 안 된다.
〈범망경〉

내가 무슨 일을 했습니다. 난 잘 했어요.
근데 상대방이 불쾌감을 느꼈다면
그건 내가 잘못한 겁니다.
내가 잘났다고 주장하는 건
수양이 모자라다는 증거입니다.
가정에서도 내가 잘했어요.
그런데 남편이 불쾌해 합니다.
그럼 무조건 "여보, 미안해" 이렇게 해보세요.
상대가 불쾌감을 가졌다면
무조건 용서를 구해 보세요,
용서는 나를 위한 성장입니다.
현실은 내 마음의 거울이라고 했거든요.
내가 용서를 빌어야 할 상대가 멀리 있어서
그 사람에게 용서를 빌 수가 없다면
마음속으로 빌면 됩니다.
그러면 나중에 만나도 상대방은 용서의 마음을
즉시 알아차릴 수 있어요.
마음은 서로 통하기 때문에 그렇습니다.
그래서 서로가 불편한 마음은 사라집니다.

몸은 청정하여
악을 행하지 않고
입으로 하는 말은
언제나 청정하고,
마음을 부처님 마음처럼
청정하게 하는 일
이것이
모든 부처님의 법이다.
〈중음경〉

내 안의 소심한 마음들
기쁨이,
까칠이,
소심이,
버럭이,
슬픔이
이 모두는 나의 존재를 위해
최선을 다하고 있는
내면의 소중한 친구들입니다.
그 친구들에게 말을 걸어보세요.
넌 왜 까칠하게 구니.
넌 왜 소심하게 그러니?
넌 왜 시도 때도 없이 버럭버럭하니?
넌 왜 기쁨이하고는 친구하지 않고
　　왜 슬픈 척 하니?
오늘 내 안의 나의 친구들과
많은 대화를 나누어 보세요.
그 친구들도 반드시 그리워하는
내 마음의 그런 친구가 있을 겁니다.

감각적 욕망을 여의고
아무것도 없는 그곳에서
즐거움을 찾아야 하리,
현명한 님은 마음의 번뇌로부터
자기 자신을 깨끗이 해야하리라.
〈법구경〉

널리 일체 중생을 돌아보니
한 사람도 빠짐없이
부처님의 지혜덕상을 갖췄건만
다만 망상과 집착으로 인해서
증득하지 못할 뿐이다.
〈화엄경〉

따뜻한 눈으로 중생을 보면
모여드는 복이
바다처럼 헤아릴 길이 없다.
〈법화경〉

차 한 잔의 여유는

누구를 위한 시간이 아닌

오직 스스로를 위한 시간입니다.

절집의 차 한잔은

밥 먹는 일보다 자주 대하는 평범한 일입니다.

다반사(茶飯事)라 하면

차의 시작과 끝이

그냥 일상에 배어 있음을 알 수 있습니다.

차 한잔을 통해

일상생활의 소소 분분에서

인연과 무상을 보며

가고 옮에 머무르지 않습니다.

물처럼 유연한 맑음과 차의 덕성은

사람과 인연을 이익되게 합니다.

바쁜 일상 가운데

한잔의 차를 통해 오감을 깨워보세요.

지쳐 있는 몸과 마음의 휴식을

찻잔에서 느껴보세요.

오늘 차꽃같이 향기로운 삶이 되소서!

항상 부드러운 말을 하고
사람을 칭찬하며
말과 행동이 서로 맞으면
몸과 마음을 해치지 않는다.

〈수행도지경〉

무엇이 진정 기이한 일일까요?

잠시도 변하지 않는 것이 기이한 일입니다.

변하는 것은 불변의 진리이니까요.

그러니까 영원을 기대하지 마세요.

지금 이순간도 변할 수 있음을 받아들이세요.

법계에 펼쳐지는 최고의 멋지고

아름다운 꽃은 무상 꽃입니다.

잠시도 머물러 있지 않아

사람의 마음을 **빼앗으려** 하지 않는 그 꽃,

비밀꽃입니다.

매 순간

긍정적인 변화를 만들기 위해 노력하는 것이

현명한 일일 것입니다.

늘 새롭다.

늘 감각을 일깨운다.

늘 노력한다.

그래서 법계의 무상꽃처럼

평등한 꽃은 없습니다.

노력한 만큼 변하는 꽃입니다.

색은 곧 공과 다르지 않고
공은 색과 다르지 않아서
색이 곧 공이요
공이 곧 색이다.
〈반야심경〉

물고기가 물속에서 목말라한다는
말이 있습니다.
우리가 행복을 구하는 순간
행복은 없습니다.
마치 네 잎 클로버를 찾느라
세 잎 클로버를
짓밟고 있는 것과 같습니다.
행운은 행복의 그림자입니다.
행복하지 않은 사람에게
행운이 있을 수 없습니다.
행복을 구하는 마음을 버려야 합니다.
행복은 이미 현실에 존재합니다.
있는 그대로 존재 자체가 행복입니다.
현실을 있는 그대로 누리다 보면
행복이 보이고 느껴집니다.
그러나
욕심으로 보고, 욕심으로 느끼면
보이지 않습니다.

마음이 생기면
만 가지 법이 생기고
마음이 소멸하면
만 가지 법이 소멸한다.
〈능가경〉

세상에 나 혼자는 없습니다.

주위의 인연 연결 속에 내가 있습니다.

점 하나 찍어서 길게 연결하면

당신이 있습니다.

점이 선이 되고, 선이 너와 나

우리들의 관계가 됩니다.

당신이 없으면 나는 없습니다.

나는 당신의 한 부분입니다.

당신 또한 나의 한 부분입니다.

한 선을 없애면 당신도 점 하나에 불과합니다.

그래서 당신과 나는 상대를 인정해야 합니다.

우리는 하나입니다.

분별심과 비교에서 만드는 상(相)을 버리세요.

그래야 우리는 함께 행복할 수 있고,

마음 그릇을 비워 두어야

무엇이든 담을 수 있습니다.

가득 채워두면 필요할 때 담을 수 없습니다.

오늘은 하루, 이웃과 나라와 나를 위해

기도하시어 새로운 마음 그릇에 담아 보세요.

흰 천에 묻은 얼룩은 눈에 띄지만
악인은 검은 옷에 먹물을 칠한 것처럼
남의 눈에 띄지 않는다.

〈대지도론〉

내 마음의 그릇에 무엇을 담고 있을까요?
욕심과 불만 등 좋지 않은 것들을 담아두면
욕심쟁이가 되고,
감사와 겸손, 배려와 사랑 등
좋은 것들을 담으면
남들로부터 멋진 대접받는 사람이 됩니다.
아침을 먹고 배를 채우듯,
아침에 일어나 마음에 무엇을 채울 것인가
생각하십시오.
하나밖에 없는 마음의 그릇에
무엇을 담느냐 하는 것은 본인의 선택입니다.
사람마다 마음그릇을 지녔는데
크기는 다 다릅니다.
사랑을 담으면
무한한 생명이 마르지 않는 사랑의 강물이 되며
욕심을 담으면
찻잔보다 작아집니다.
내 마음 그릇은 어느 정도이며
나의 모습은 어떤 모습 어떤 빛깔입니까?

수보리여!
지나간 마음도
얻을 수가 없으며,
현재의 마음도
얻을 수가 없으며,
미래의 마음도
얻을 수가 없음이니라.
〈금강경〉

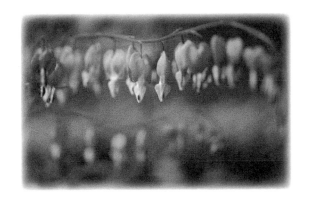

우리는 인식이라는

이미지의 인연 속에 삽니다.

인연에는 크고 작음이 없습니다.

크고 작음은

관계 속에서 내가 인식하는 이미지를 만들어

그 느낌에 메어 있습니다.

그 느낌과 표상의 실체가 없는데

무게와 부피, 질감와 색채가 변하는 것처럼

인식의 인연은 왔다가 사라집니다.

우연히 스치듯 맺게 된 작은 인연이 오래가고,

오래 이어 온 인연이 한순간에

끊어지기도 합니다.

인연은 우리들의 마음 먹기에 달렸습니다.

인연은 내가 만든 선한 의도의 열매이고,

내 공덕은 내 삶에 큰 선물입니다.

좋은 생각을 많이 지어 선연의 인연을

많이 맺으시길 바랍니다.

모든 복과 인연은 내가 만든 아름다운 생각의

이미지, 인생의 빛과 그림자가 됩니다.

수행하는 자는
마음을 굳게 지니고
뜻을 세워
좋은 인연을 만나면
가차 없이 밀고 나가는
인내와 용기와 결단력이
필요한 것이다.
〈현우경〉

‘티끌 모아 태산’이라는
속담이 있습니다.
그저 열심히 저축을 하라는 얘기로
생각될 수도 있지만
오랜 인고의 세월을 이겨내고
욕망을 잘 절제하여 덕을 쌓아가라는
의미가 들어 있습니다.

“인욕은 만족의 열쇠다”라는
말씀이 있듯이
욕망을 참는 능력을 키워 보세요.

참는 마음을 가지고 살아가는 것이
쉬운 일은 아니지만
참으면 욕망의 고난이 극복됩니다.

‘참음’은 위대한 묘약이며
‘용기’입니다.

어리석은 사람은
남의 악만 볼 뿐
자신의 악은 볼 줄 모르며
어리석은 사람은
자신의 선만 볼 뿐
남의 선을 볼 줄 모른다.
〈법률 삼매경〉

새로운 사람을 만남은
새로운 세상과의 만남입니다.
생각이 다른 사람은
내 세상이 아닌 다른 세상입니다.
그 세상을 이해하고 받아들인다는 것은
나의 고정관념을 깨는 일이고
새로운 삶에 눈을 뜨는 일입니다.
집 밖을 나오면
세상은 다양한 모습으로
살아간다는 것을 느낍니다.
우물안 개구리처럼
나를 생각의 틀에 가둬놓고 살지 말며
넓은 세상을 보고
이해하고 사랑할 때
나의 삶이 달라지고
사랑으로 마음은 가득해집니다.
우리는 홀로지만
더불어 사는 삶입니다.

욕심과 번뇌를 여읜 이는
부처님과 다를 바가 없다.
〈제법집요경〉

우리가 살아가면서 제일 조심해야 할 일은
말조심입니다.
기도를 할 때
"정구업진언–입을 맑히는 진언"을 하듯이
말을 할까 말까 망설여질 때는
침묵을 해야 합니다.
말이 많은 세상에서
내면의 말에 귀를 기울여야 합니다.
불필요한 말은
침묵의 언어로 말을 음미하십시오.
소중한 시간을 쓸데없는 말로
허비하지 마십시오.
말보다 실천이 소중합니다.
보지 않고 겪지 않은 상대를
말로 힐난하지 마십시오.
세상의 어리석고 박복한 가운데
또 한 가지의 복을 감하는 일은
구업을 짓는 일입니다.

하늘에서 보석비가 쏟아져도
욕심 많은 사람은 만족할 줄 모른다.
욕심은 괴로움만 줄 뿐,
즐거움을 모르나니
슬기로운 이는 먼저 욕심을 버리느니라.

〈중아함경〉

큰 강을 따라 내려가면서 목마르다 하고,
밥을 가지고 있으면서 배고프다고 하는
어리석음에
우리 삶이 빠지지 말아야 합니다.
불교수행은
부처님이 설파해 주신 진리가
우리 눈에 보이지는 않지만,
우리의 삶에 존재하지 않는 곳이 없다는
사실을 깨달아 가는 과정입니다.

내 마음 가운데 번뇌 망상만 버리면
그 자리가 부처의 자리이고,
내 안의 진리를 찾으면
시방세계 일체중생이
다 똑같음을 깨닫게 됩니다.

일체중생이 다 부처임을 바라볼 수 있어야,
진정한 깨달음의 길로
들어서게 되는 것입니다.

깨끗한 마음을 가지면
지혜가 생길 것이요,
마음에 지혜가 생기면
곧 깨달음이 생길 것이다.
〈불반니원경〉

우리들은 항상 행복이
무언가 어려움을 극복한 뒤에
오는 것인 줄로 생각합니다.

마음의 법칙에 따른다면
행복하다고 생각하는 사람에겐
항상 행복이 따르고,
풍족함을 생각하는 사람에겐
항상 풍족함이 따를 것입니다.

설령 물질이 조금 부족하다손 치더라도
'나는 항상 풍요로움 속에 살고 있다.'고
생각하면
삶과 마음이 풍요로워져
결국 커다란 행복을 만날 수 있을 것입니다.

떨치고 일어서야 할 순간에 일어서지 않고,
젊음과 건강이 남아 있을 때
게으르고 의지와 뜻이 약한 사람은
그 방일한 마음으로
도를 결코 깨닫지 못하리라.
〈법구경〉

의심보다 무서운 것은 없다.
의심이란 분노를 일으키는 근본요인이며
사이를 떼어 놓는 독이며
서로의 생명을 손상시키는 칼날이고
서로의 마음을 괴롭히는 가시다.

마음으로 밖을 관찰하고 또 안을 관찰하면
사유를 통해 저절로 기쁨이 생겨
다른 사람들과는
그 마음이 다르게 될 것이다.
〈불설아함정행경〉

세상은 참으로 허무한 것을....
이 몸은 자꾸만 죽어가는 것을
많은 사람들은 모르고 있습니다.
이것을 깨달으면
다툴 것도
미울 것도
가질 것도
악착같을 것도
없다는 것을....
죽음이 있다는 사실에 우리는
몸과 마음을 가볍게 살아가야 합니다.
차 생활도 그렇습니다.
차 한 잔에도 수많은 공력과 노고를 담아
차를 법제를 하여
다산한 인연들과 차 한 잔을 나누고 나면
결국은 남는 것은 빈 잔뿐입니다.
공수래 공수거라는 말을 여실히 보여줍니다.
하지만 차를 따고 만들고 나누고 빈 잔을 통해
우리는 세상의 진실과 마주하게 됩니다.

차를 만들고 차를 마시는 일은
차의 종류와 우리는 사람의 방법에 따라
다소 차이는 있습니다.
하지만 차 생활은 단순히
향기로운 한 잔의 차를 마심으로
완성하는 것이 아닙니다,
인생의 경지를 체험하고
스스로의 부족한 점을 반성하게 하여
더욱 완벽한 인격을 닦아
세상의 아름다운 인연을 만들어가는,
스스로 수신의 과정이라고
차 생활을 이야기하고 싶습니다.

선엽스님의
명상의 숲

발행   2018년 5월 29일

지은이   선엽 스님
사진   문병철

펴낸곳   도서출판 도반
펴낸이   이상미
편집   김광호, 이상미
대표전화   031-465-1285
이메일   dobanbooks@naver.com
홈페이지   http://dobanbooks.co.kr
주소   경기도 안양시 만안구 안양로 332번길 32